Wolfram Hahn

Gottes Liebe schafft Frieden und Glaubenskraft

Gedichte über die Gegenwart unseres liebenden Gottes

Bibliografische Information
der Deutschen Nationalbibliothek:

Die Deutsche Nationalbibliothek verzeichnet diese Publikation in der Deutschen Nationalbibliografie. Detaillierte bibliografische Daten sind im Internet über http://www.d-nb.de abrufbar.

Alle Rechte der Verbreitung, auch durch Film, Funk und Fernsehen, fotomechanische Wiedergabe, Tonträger, elektronische Datenträger und auszugsweisen Nachdruck, sind vorbehalten.

www.vindobonaverlag.com

© 2022 Vindobona Verlag

ISBN 978-3-949263-32-3
Lektorat: Bianca Brenner
Umschlagfoto:
Michelangelo, „Creation of Adam"
Public Domain, via Wikimedia Commons
Umschlaggestaltung, Layout & Satz:
Vindobona Verlag

Gedruckt in der Europäischen Union auf umweltfreundlichem, chlor- und säurefrei gebleichtem Papier.

Inhaltsverzeichnis

Herr, hilf uns!	7
Du bist immer da	8
Feuer und Asche	9
Wunder des Augenblicks	10
Nach der Zeit	11
Lob, Herr, für deine Schöpfung	12
Sinn und Ziel	13
Sinnfrage	14
Alpha und Omega	16
Gottes Schöpfung und wir	17
Die Heilandskirche in Sacrow	19
Wird die Liebe siegen?	21
Unser Leben	22
Vater unser	23
Näher, mein Gott zu Dir	26
Gebet am Lebensabend	27
Licht und Schatten – unser Leben	28
Die apokalyptischen Reiter	29
Lebensabend	31
Brot und Wein – Zeichen des Lebens	32
Alle singen Halleluja	33
Menschen, freuet euch!	34
Advent	35
Was ist uns Weihnachten?	36
Das Kind in der Krippe	38
Weihnachten 2020	40
Weihnachtsfrieden	42
Wunderbares ist geschehen	43
Wehklagen unserer Zeit	44
Weihnachten heute	46
Erlösung aus Grabesnacht	48
Entstehen und Vergehen	50
Versprochener Lohn	52
Liebe	54
Zuversicht	56

Es kommt der Tag	57
Du, Mensch, hast es in deiner Hand –	58
Tod oder Leben	58
Haben wir noch eine Chance?	60
Hass oder Liebe	62
Kinderglück	64
Was die Liebe vermag	65
Danke!	66
Der Zeiten Lauf	67
Hochzeitswünsche	68
Zweisamkeit der Liebe	69
Freude über die Geburt	70
Zum Fest der Taufe	72
Dein Gott ist Liebe und Treue	73
Danke für das neue Leben	74
Ein fester Bund	75
Vom Sinn deiner Sinne	77
Dein fester Bund	79
Ein Leben mit dir	80
In schwerer Stunde	82
Wir kommen und wir gehen	84
Wir in unserer Zeit	85
Was war, was kommen wird	87
Meiner Mutter liebe Grüße	88
Dank den Eltern	90
Was eine Mutter ist	91
Dank für meine Mutter	93
Abschied	94
Schenken möchte ich einen Baum	95
Wasser – Quelle des Lebens	96
Wasser bestimmt das Leben	97
Stille	99
Frieden	100
Hohe Zeit	102
Abschied und Eingang	104
Aphorismen	105

Herr, hilf uns!

Herr, hilf uns, wir sind hier allein!
Verstrickt sind wir vielfach in Sünden.
Wenn Du uns hörst, wirst Du verzeih'n.
Wir werden ohne Dich erblinden.

Wer weiß dann noch, was gut und böse?
Wer achtet das, was Du erschaffen hast?
Kein' Trost gäbe es, nur Untergangsgetöse,
nur Hoffnungslosigkeit und schlimmste Last.

In dieser Not schrei'n wir zu Dir,
führ uns Herr auf Deine Wege!
Schenk Gnade Deinem Volke hier,
dass sich Nächstenliebe rege!

Lass Dich im Glauben von uns fassen!
Lehr uns, auf unser Herz zu hören,
um mehr zu lieben, als zu hassen,
und unserm Gott die Treue zu schwören!

Heute braucht es Mut zum Handeln und zum Reden.
Befreie uns von Hoffnungslosigkeit und Angst!
Morgen schon erkennen wir dann Gottes Segen. –
Vergiss das Loben nicht, o Mensch, und dass du dankst!

Lasst uns am Ende alle singen,
für den, der Todes Macht zerbrach!
Ein Danklied soll für Ihn erklingen,
da er uns Gottes Reich versprach.

Du bist immer da

Immer, wenn ich versinke, bist Du da.
Wenn ich verzweifelt rufe, hörst Du mich.
Immer bist Du meinem Herz ganz nah
und zeigst stets mit göttlicher Liebe Dich.

Dann ruhe ich, mein Gott, in Dir,
wo die Seele wird gesunden.
Dein starker Segen liegt auf mir.
Mein Gott, Du hast mich gefunden.

Vergebung hast Du mir geschenkt,
Hoffnung meiner armen Seele.
Es sind die Ketten mir gesprengt,
dass ich länger nicht mehr fehle.

Vom ew'gen Tode nun befreit
und schon erwählt in Deinem Reich
ohne Kummer, Krankheit und Leid.
Versprechen Gottes für uns gleich.

War ich als Dein Geschöpf es wert,
durch Deine Gnade auserwählt?
Durch Liebe hast Du mich bekehrt,
zu Deinen Kindern mich gezählt.

Feuer und Asche

Wer nur zurückschaut, bewahrt die Asche der Vergangenheit.
Wer aber mutig für die Zukunft lebt, der entfacht ein Feuer.
Wer nicht die Zeichen seiner Zeit versteht, konserviert das Leid.
Wer kämpft, was Gottes Geist verleiht, formt die Erde
                                            stetig neuer.

Nur Gottes Allmacht weiß, was uns gebricht.
Er sendet Seinen Geist mit großer Macht.
Der zündet und bewahrt das helle Licht.
Wie oft hat er schon Feuer angefacht!

Doch wie es oft so kommt und geht,
hat er die Strebenden erfasst.
Doch Asche hat das Licht verweht,
und junges Grün war schnell verblasst.

Für jeden Neubeginn bedarf es Mut
und klugen Widerstand in Wort und Tat.
Dann flammt das Feuer auf aus heißer Glut,
beleuchtet uns den Weg, oft schmaler Pfad.

Gottes Schöpfung schenkt uns Hoffnung auf die Zukunft;
Sein Geist verleiht uns Mut, um Feuer anzuzünden.
Er gab den Menschen den Verstand und die Vernunft,
um allen Aschensturm der Welt zu überwinden.

Wunder des Augenblicks

Wenn ein Stern vom Himmel fällt
erstrahlt ein wunderbares Licht.
Dass er den Weg zu uns gewählt,
weiß Gott allein, wir Menschen nicht.

Wenn eine Knospe still erwacht
und plötzlich aufbricht und erblüht,
weil Frühlingssonne mit ihr lacht,
dann ist's ein Wunder, was geschieht.

Wenn nach metamorphischer Verwandlung
ein Falter schlüpft aus grauer Hülle,
und seine Farbe glänzt nach der Entfaltung,
dann zeigt sich Gottes Schöpferwille.

Wenn Gott mit Seiner Liebe Kraft
den Menschen als Sein Abbild schuf,
befähigte, dass er es schafft,
zu folgen Ihm auf Seinen Ruf,
da gab Er gold'ne Schlüssel ihm
als Quell der Liebe für ihn hin.

Nach der Zeit

Mir ist, als ob nach langer Zeit
Posaunenengel laut ihr Spiel beginnen,
uns zu wecken für die Ewigkeit
und in neue Dimensionen zu verschlingen.

Wo sind wir dann, wir armen Kreaturen?
Kein Stäubchen ist von uns zu spüren,
verstreut auf Wasser und auf allen Fluren.
Wer sollte uns zusammenführen?

Ein Strahl, aus weiter Ewigkeit gesandt,
schweißt sie zusammen, die Verlorenen,
haucht neuen Geist ein allem, was verschwand,
und so entstehen Neugeborene.

Dann ist die Liebe stärker als Gewalt,
so wie das Wasser Felsen sprengt.
Dann ist das Licht der Ewigkeit erstrahlt
und hat das neue Leben uns geschenkt.

Lob, Herr, für deine Schöpfung

Alles, Herr, hast Du gemacht:
Des Tages Licht, die stille Nacht,
die Vögel, die in Lüften schweben,
und alle Tiere, die sich regen,
die Wälder und das Gras der Flur.
Den bunten Reigen der Natur
hast Du auf Erden aufgebaut
und uns, den Menschen, anvertraut.

Land, Meere, Berg und jedes Tal,
der Steine Glanz, der Sonne Strahl
und all der Schöpfung wahre Pracht
sind Zeugen Deiner großen Macht.

Du liebst die Menschen groß und klein
und willst uns jede Schuld verzeih'n.
Gib doch, dass wir auf Deinen Wegen
stets wandeln Herr, mit Deinem Segen!

So loben wir Dich, großer Gott
und glauben an Dich fort und fort.
Befreie uns aus aller Not
und schenk uns unser täglich Brot!
Verleihe uns die Zuversicht,
dass wir einst schau'n Dein Angesicht!
Mach, dass wir mit Herz und Händen
Deine Liebe weitersenden!

Sinn und Ziel

Woher das Leben uns erschien?
Ein guter Gott hat es geschenkt;
hat uns geführt und still gelenkt.
So hat das Dasein seinen Sinn.

Bleib im Glauben fest begründet!
Geh mit Ihm stets deine Wege!
Dein Tun im Leben wohl erwäge!
Herz und Glauben Ziel dann findet.

Sinnfrage

Im Glücksgefühl der wirtschaftlichen Macht,
schon fast entrückt im Trance des Wohlstandes,
wird allzu schnell verdrängt und oft auf Dauer
die Frage nach der Sinnbestimmung unsres Lebens,
und nach dem, was unser Auftrag ist in dieser Welt.

Verdrängt von immer steigenden Erfolgen,
steht diese Frage eines Tages umso heftiger. –
Wer hätte nie versucht, die Luft zu halten
im Wettkampf mit den Freunden, solang es irgend geht,
um plötzlich eilig dann, in höchster Not,
die Brust erlösend mit neuer Lebenskraft zu füllen?

Schon lange hat man sich nicht mehr geschert
um all die Not der Menschen dieser Welt,
um rücksichtslosen Raubbau nicht gekehrt,
wenn es nur um die Macht, Gewinn und Wohlstand ging,
um den Exzess brutaler Geistestötung,
um Gift und Rauch, um Krieg und Tod.

Es lebt sich wie in einer selbst verordneten Narkose,
aus der es plötzlich ein Erwachen gibt.
Und ringen wird der Mensch dann um die Luft,
da sie verdarb im Rausch der Macht, im Schein des Glücks.
Das Wasser, das er schöpft, wird trüb und giftig sein,
da es verurteilt war, den Schmutz und alle Gifte aufzunehmen.

Dann wird die Frage nach dem Sinn des Lebens neu gestellt.
Sie wird in Zeitnot und mit Angst und Argwohn vorgetragen.
War es zu spät, dann hat die Frage selbst sich überlebt,
und Schall und Rauch war aller Wohlstand und das Glück.

Sinn ist nicht der Augenblick im Leben.
Sinn, das ist der Weg, auf dem wir gehen.
Sinn ist der Prozess, in dem wir aufgerufen sind,
die ganze Schöpfung für alle zu erhalten,
und abzuwehren haben jedes Unrecht,
das Menschen Leid und unsrer Erde neue Wunden bringt.

Trügerisch sind die Propheten unsrer Zeit,
die alles schon für sinnlos halten.
Sie haben ihren Sinn und ihren Weg bereits verloren.
Wahr ist, dass Sinn bedroht und oft verletzt schon wurde.
Es gilt besonders heute, unbeschadet dieser Not,
den festen Grund im Sinn und seinen Weg neu zu entdecken
         und zu schützen.

Alpha und Omega

In allem Anfang liegt das Ende
begründet durch den Lauf der Welt.
Es liegt in Dir, mein Gott, die Wende.
In Seiner Hand Er alles hält.

Und wenn es morgen wieder tagt,
will dankbar ich mit neuem Mut
zu Dir, ohn' dass mein Herze klagt,
begeben mich in Deine Hut.

So kann erfüllen mich aufs Neue
der Schöpfung wunderbares Bild,
so dass der Tag mich nie gereue
und stets als Dein Geschenk mir gilt.

Wenn dann die Sonne sich geneigt,
die dunkle Nacht mich eingehüllt
und um mich alles schläft und schweigt,
sei Du, mein Gott, mir Trost und Schild.

In Deinem Namen fing es an. –
In Dir wird alles sich vollenden.
In Deiner Liebe, sicher dann,
wirst Du mich in Dein Reich einst senden.

Gottes Schöpfung und wir

Versuch, das Mosaik der Steine zu enträtseln!
Vertief dich in das feine Gitternetz der Wurzeln!
Betrachte nur der Eiskristalle Mannigfaltigkeit
und aufmerksam die Farbenpracht, mit der sich totes
                                 Herbstlaub schmückt!

Ertaste dir die Maserung der vielen Hölzer!
Rieche an der Vielfalt unsrer bunten Blütenwelt!
Lass dein Herz die Nähe eines Menschen fühlen,
der durch sein Wesen dich aus deiner Fassung bringt!

Da, wo nun alles seine eigne Prägung hat,
wo uns die Vielfalt nur noch staunen lässt,
selbst wo kein kleiner Kieselstein dem andren gleicht,
da gibt es einen klaren Plan und Stil.

Und alles ist in diesem Plan fest einzuordnen,
genau nach Farbe, Form, Geruch und nach dem Zellverband,
nach Molekülen und nach dem Gang der Elektronen,
die unablässig kreisen um die Kerne der Atome.

Bricht dir das Herz auch, Philosoph,
und konntest keinen Gott du schauen, Astronaut,
so zeig ich dir den Schöpfer aller Dinge
in jedem Element der Erde schon.

Und wenn du dich nicht mehr verschließt,
erkennst du ständig mehr und neu den Schöpfer
in der Entwicklung und Verzahnung allen Seins.
Wie ein geniales und fantastisch großes Kunstwerk
preis ich die Schöpfung und den Geist, der dies ersann.

Auch du, o Mensch, als die „Krönung Gottes Schöpfung"
hast nie etwas erfunden und entdeckt,
das nicht in diesem Plan schon immer war,
und lange, eh du warst, schon ausgeführt.

Du warst und bist in dieser Welt fest vorgesehen,
dich mit Geist und freiem Willen zu entfalten,
diese Schöpfung für dich zu nutzen und sie zu erhalten.–

Wie leicht es immer scheint, sich dem „modernen" Denken
                                                anzuschließen
und an der „ewigen Materie" sein Bewusstsein
                                                      auszurichten,
so schwer ist es für mich, an keinen Gott und an Sein
                                            großes Werk zu glauben,
der unser Sein bestimmt und unsern Geist sich frei
                                                   entfalten lässt.

Die Heilandskirche in Sacrow
(erbaut 1844 von Ludwig Persius nach Skizzen von König Friedrich Wilhelm IV.)

Niemals haben sie es vermocht,
zu löschen den brennenden Docht.
Trotz der Bedrängnis in 28 Jahren,
ist ihr als Gotteshaus Heil widerfahren.

Gewalt und Willkür von Staat und Partei
zerstörten Skulpturen und Malerei,
zerbrachen das Dach, die Fenster der Mauer,
verspotteten Kunst, Architektur und Erbauer.

Vor der Arkaden zarten Gliederung
wurde zur sicheren Verhinderung
von Flucht aus Beton eine Mauer errichtet,
und Bewacher scharf zu schießen verpflichtet.

Statt friedlichem Geläut vom Campanile,
herrschte eisig kalter Kommandowille.
Zu Hundegebell und höhnischem Gejohle
mischten sich Schüsse aus Gewehr und Pistole.

So wurde die Heilandskirche entweiht; –
ein böses, schlimmes Denkmal jener Zeit.
Sie trug wie der Herr in Geduld diese Schande.
Geächtet war sie, nicht mehr erwähnt im Lande.

Doch Hoffnung auf Hilfe war immer geblieben,
selbst als auf den Dächern schon Bäume trieben.
Gottlob hat die Zeit ihre Mauern erhalten.
So konnte sich Osterglaube neu entfalten.

Endlich kam sie, die ersehnte „Zeit danach",
befreite die Kirche von Schande und Schmach.
Voll Dankbarkeit spendete jeder gerne.
So kam der Tag aus vergangener Ferne
zu uns, wo Kirche wieder Haus Gottes war.

Im Neunundachtziger Wendejahr
viel hundert Menschen zum Christfest kamen.
Sie legten freudig den neuen Samen
für das Kleinod dort am Havelstrand:
Ein Friedenszeichen für unser Land.

Schon bald erstrahlte alles im neuen Glanz.
Doch gebühren Ehrungen und Siegerkranz
nur ihr, der so Geschundenen, Geschmähten.
Sie öffnete sich neu, um nun Dank zu beten.

Nach zwanzig Jahren wurde das Werk vollendet
mit der neuen Orgel, die feierlich uns sendet:
„Allein Gott in der Höh sei Ehr."
Sie kündet Gottes Frieden hier.

Wird die Liebe siegen?

Ist es das Los der unzähligen Kinder,
zu hungern, zu frieren und dann zu sterben? –
Traut nicht den Worten der Wohlstandsverkünder!
Sie werden euch niemals etwas vererben.

Denn da, wo nur Macht und Reichtum zählen
und wo die Ärmsten noch ärmer werden,
da, wo selbst Wasser und Brot noch fehlen,
kann es nicht Frieden geben auf Erden.

Statt vieler Worte sind Taten notwendig,
denn Armut bekämpfen nur offene Hände.
Nur in der Liebe bleibt Hoffnung lebendig;
nur sie löscht den Hass und die ewigen Brände.

Einst wirst du gefragt: „Was tatest du Gutes,
was tatest du, ohne dich laut zu rühmen,
was tatest du gerne und frohen Mutes,
und gab es Erfolg bei deinem Bemühen?"

Nur Beute machen gilt dann nicht mehr.
Augen und Ohren sind nicht mehr verschlossen.
Die Hände der Ärmsten bleiben nicht leer,
und Öl wird in offene Wunden gegossen.

Dann endlich hat wohl die Liebe gesiegt,
die wahren Frieden den Menschen verkündet,
und Hoffnung dann stärker als Kummer wiegt. –
Wer ist es, der dieses Feuer entzündet?

Unser Leben

Wie ein Vogel, wunderschön,
fliegt unser Leben so dahin;
durch Tiefen, über große Höh'n.
Oft allzu spät erkannter Sinn.

Ein starker Fluss, der Zeiten Lauf,
kein Stillstand wird es geben.
Was wir hier wirken, nimmt er auf,
bis einst verlöscht das Leben.

Ein Ruder und ein Floß was trägt
kann Freundschaft und die Liebe sein.
Dass uns der Strudel nicht umschlägt,
halt fest was trägt, sei's noch so klein.

Und kommt die Zeit der Stille,
der inneren Erkenntnis,
berührt auch dich des Schöpfers Wille,
befreit von aller Trübnis.

Vater unser

Vater unser im Himmel,

Mein Gott, auf Deinen Ruf wir leben;
wir sind am Weinstock Deine Reben.
Du Allmächtiger im Himmel und auf Erden,
lass es zwischen Menschen nicht noch kälter werden!

geheiligt werde Dein Name.

Dein Name ist ewige Allmacht;
Du Gott, der über die Schöpfung wacht.
Ein Vater, der ewig uns liebt
und all unsre Sünden vergibt.

Dein Reich komme.

Deine Liebe wird einst über uns kommen,
Feindschaft und Böses wird so genommen.
Die Liebe wird siegen mit ihrem Schein.
Dann werden wir ewig bei Dir sein.

*Dein Wille geschehe, wie im Himmel so auf
Erden.*

Dein Wille ist Frieden, Hoffnung und Glauben.
Deine Liebe kann keiner uns rauben.
Durch Dich sind wir Menschen eingeladen,
durch Dein Wort, den Ursprung aller Gnaden.

Unser tägliches Brot gib uns heute.

Du willst, verborgen in Brot und Wein,
unsere Nahrung zur Ewigkeit sein.
Wir bitten für jene, die hungern und dürsten,
für alle Verfolgten, für alle Verführten.

Und vergib uns unsere Schuld,

Deine Liebe wird uns immer vergeben,
befreit von der Schuld wirst Du uns erheben.
Deine Güte ist grenzenlos:
Wir sind die Zöllner, Du machst uns groß.

wie auch wir vergeben unseren Schuldigern.

Auf Dich schauen und von Dir lernen,
dass nur die Liebe kann Schuld entfernen.
Nur Reue und Liebe kann Frieden verleihen
und unserem Nächsten das Böse verzeihen.

Und führe uns nicht in Versuchung,

Das Böse lauert, um uns zu verschlingen.
Mit Dir, mein Erlöser, werden wir's zwingen.
Sende den heiligen Geist hernieder,
aus aller Versuchung befreit er uns wieder.

sondern erlöse uns von dem Bösen.

Nie wirst Du verlassen die gläubige Schar.
Deine Barmherzigkeit ist grenzenlos wahr.
Einst werden wir frei sein von Sünde und Gier,
dann wirst Du uns kleiden mit göttlicher Zier.

*Denn Dein ist das Reich und die Kraft und
die Herrlichkeit in Ewigkeit. Amen.*

Du, der von Ewigkeit herrscht und war,
der durch sein Wort Unendliches gebar.
Alles ist Dein Reich und Dein Eigentum,
der Allmacht Gottes unendlicher Ruhm.

Näher, mein Gott zu Dir
(zum Lied „Neare, my God, to Thee" von Lowell Mason)

Neige Dein Ohr zu mir, näher, mein Gott!
Mein Wunsch: Zu Dir, mein Gott, näher zu Dir.
Wird es auch schwer für mich, so wie Dein Kreuz es war,
singe ich doch für Dich: Näher, mein Gott.

Blind war mein Leben hier, weit fort von Dir.
Arm war ich und verletzt, doch mein Gott half mir.
Krank war mein Herz vor Dir, Du hast mich befreit.
Nun werf ich all mein Leid auf Dich, mein Gott.

Zeig mir die Wege Dein, Herr, o mein Gott!
Lehr mich Dein Wort versteh'n, lass es gescheh'n!
Reich mir doch Deine Hand, zieh mich zu Dir heran!
Dann bin ich ganz bei Dir, nahe bei Dir.

So findet Ruhe mein Geist, denn Du bist da.
Du, Gott, der die Wege weist, ich sag zu Dir ja.
Du, Gott, hast mich befreit, jetzt bin ich ganz bei Dir,
nahe bei Dir, mein Gott, ganz nahe bei Dir.

Gebet am Lebensabend

Herr, bleibe bei mir, denn der Tag hat sich geneigt!
Gib meiner Seele Kraft!
Mein Leben hat mir angezeigt,
was Deine Liebe schafft.

Es leuchten die Erinnerungen
an Zeiten voller Lebensglück,
ergreifen uns wie Feuerfunken,
doch Jugend, sie kommt nicht zurück.

Aus tiefstem Herzen bitt ich Dich,
wenn Schmerzen mich bedrücken,
mein Gott, mein Gott, verlass mich nicht,
woll'st neue Kraft mir schicken!

Lass liebe Menschen um mich sein,
durch deren Hilfe Du mir zeigst,
dass hell es wird wie Sonnenschein,
wenn Du Dich zu uns Menschen neigst.

Lass mich nicht hadern mit dem Leid,
das Du, mein Gott, mir zugedacht!
Mach mich zum letzten Kampf bereit,
führ mich zu Dir aus dunkler Nacht!

Hilf mir, den Felsen einst zu sprengen
und als Erlöster zu erstehen!
Dann kann ich Dich, o Gott, erkennen,
verklärt in Herrlichkeit einst sehen.

Licht und Schatten – unser Leben

Licht und Schatten, unser Leben –
bunte Bilder der Vergangenheit.
Es war ein Kampf und stetes Streben
nach Glück und gegen manches Leid.

Nicht zu begreifen ist des Schicksals Macht.
Schau zurück auf all die Jahre!
Wie oft zogst du mutig in die Schlacht,
und wieviel Klippen musstest du umfahren?

Doch stets hat wohl das Herz gesiegt.
Es formt Gewissen – Geistes Kraft.
Nur der ist es, der untergeht,
wo Herzensgüte ist erschlafft.

Nur mit Fröhlichkeit und Mut
ist die Dunkelheit zu überwinden.
Mit frohem Sinn wird alles gut,
lässt auch am Wegrand Schönes finden.

Das sei des Lebens tiefer Sinn:
Das Schöne sehen und bewahren.
Gelingt es uns, so führt es hin
zu frohen und beschwingten Jahren.

Die apokalyptischen Reiter

Es war ein Albtraum in der Nacht,
als die Reiter aufgebrochen waren.
Sie haben Feuer angefacht
und flogen ein in großen Scharen.

Wagen zogen sie mit schlimmen Waffen,
die Sporen drangen in das Fleisch der Pferde.
Sie war'n verdammt zu rücksichtslosem Schaffen.
Vor ihnen lief die große Menschenherde.

Sie liefen um ihr nacktes Leben
und traten sich in Panik tot.
Da riss die Erde unter Beben,
aufbrach ein schlimmer Feuerschlot.

Die Reiter warfen Gift und Todespfeile.
Verpestet wurden Luft und all das Wasser.
Die Lungen gingen schwer in dieser Eile,
und angstvoll wurden Menschen immer blasser.

„Weh uns, wir armen Menschenkinder!
Wir hörten nicht auf all die Mahnenden." –
Jetzt kann die Qualen keiner lindern.
Schreie der Mütter, Kinder und Lahmenden.

Die Menschen riss hinweg ein Strom von Feuer,
                                        Schlamm und Blut,
und aus Millionen Kehlen schrie ein lauter Todeschor.
Alle fielen und verbrannten in der großen, heißen Glut.
Vor dem Unheil waren alle gleich auf dieser Spur.

Da halfen weder Geld noch Gut,
auch boten Macht und Bildung keinen Halt.
Alle verschlang die unheilvolle Glut.
Jeder hat dabei sein Leben eingezahlt. –

Nach dem großen Weltenbrand
wurde es unheimlich stille.
Da sah ich, wie von Geisterhand
aus der Dampf- und Raucheshülle
wesensfremd Gestalten steigen,
halb Mensch und halb auch Geist. –
Alles Glanz und hehres Schweigen.
Ein Strahl, der himmelwärts sie weist.

Sie waren es, die durch das Feuer gingen,
geläutert wurden und nun auserwählt.
Sie wurden nach dem irdisch schweren Ringen
mit einer neuen, besseren Welt vermählt.

Lebensabend

Wär unser Leben ohne Ende,
kein Abend brächte Müdigkeit.
Es wär ein Dasein ohne Wende
und endlos wär des Menschen Leid.

Doch ist es so, dass mit dem Leben
auch fest ein Ende für uns steht.
Geist und Hoffnung, sie entschweben
dorthin, wo Ewigkeit einlädt.

Dann spüren wir Vergänglichkeit,
doch auch den Trost im Ende:
Wenn uns umfängt die Müdigkeit,
ein liebend Wesen reicht die Hände.

Brot und Wein – Zeichen des Lebens

Körner des Lebens von kundiger Hand
gelegt in den Schoß unsrer Erden.
Der Schöpfer den Tod mit Leben verband
im Keimen, im Wachsen und Werden.

Ein Wunder, was sich im Tode vollzieht:
Aufbruch zum neuen Sein
mit einem hoffnungsvollen Lied.
Verborgene Schöpfung im kleinen Keim.

Erkennst du das Wunder auch in dir?
Vergleich es mit brennenden Kerzen,
die sich verzehren und Licht spenden hier
und Ruhe verleihen dem Herzen.

Der Herr musste sterben mit Qualen und Schmerzen,
um uns zu befreien vom ewigen Tod.
Aufkeimte die Liebe in Seinem Herzen;
neu schenkt Er sich wieder im Wein und im Brot.

Alle singen Halleluja

Alle Menschen auf dieser Welt
singen laut ihr Halleluja.
Jesus baute bei uns Sein Zelt.
Wir singen ein Halleluja.

Die bunten Vögel singen mit.
Sie singen ihr Halleluja.
Jetzt alles hin zu Jesus zieht
mit lautem Ruf Halleluja.

Alle Tiere dieser Erde
singen mit uns Halleluja,
dass es endlich Frieden werde.
Drum singt alles Halleluja.

Gras, Blumen und alle Bäume,
sie singen ein Halleluja.
Wirklichkeit werden uns Träume.
Wir singen laut Halleluja.

Luft, Wasser, die Sonne, der Mond,
sie singen ihr Halleluja.
Gott hat mit Liebe uns belohnt.
Für Ihn unser Halleluja.

Die Liebe kennt keine Grenzen.
Dafür den Ruf Halleluja.
Mit Freude wollen wir tanzen
und singen ein Halleluja.

Menschen, freuet euch!

Das Alte ist vergangen,
als Gottes Sohn geboren.
Dazu die Engel sangen:
„Gerettet seid ihr, nicht verloren!"

In Armut liegt das Neue,
will uns in Liebe lenken.
Er ist der ewig Treue.
Will selbst sich gar verschenken.

Ihr Menschen freut euch alle!
Gott will euch so erheben.
Geboren in dem Stalle;
Er schenkt uns ew'ges Leben.

Advent

Advent – Ankunft des Herrn,
geschäftiges Treiben weit und breit,
und hinter den Scheiben leuchtet ein Stern.
Sind wir zum Herrenbesuch auch bereit?

Als kleines Kind kommt Er in unsre Welt.
Ausgeliefert hat Er sich. – Schutzlos!
Keine Herberge – der Stall ist Sein Los.
Arm und bescheiden, ohne viel Geld.

Doch Er kommt, um die Welt zu retten.
Nicht durch Gewalt, mit selbstloser Liebe
befreit Er die Menschheit von ihren Ketten,
dass sie nicht länger in Finsternis bliebe.

Er bietet aus Liebe uns ewiges Leben;
was es und wo es auch immer sein wird.
Schon heute hat Er uns Wohnrecht gegeben.
Vertrau Ihm, der dich bis heute geführt!

Was ist uns Weihnachten?

Bringen Advent und die Weihnachtstage
Antwort auf unsere große Frage?
Oft sind diese Tage nur stumme Zeugen
von nutzlosem Konsum, dem wir uns beugen.

Hecktisches Rennen nach bunten Dingen,
ängstlich, dass Braten und Plätzchen gelingen.
Haben all diese eiligen Leute
noch ernsthafte Fragen zum Christfest heute?

Sind die bunten Glaskugeln am Weihnachtsbaum
nur Erinnerung an einen Kindertraum?
Oder ist Christi Geburt noch heute das Fest,
das uns Gottes große Liebe erfahren lässt?

Sicher, wir sollten auch fröhlich sein
und viel Gutes tun für Groß und für Klein.
Aber wenn all dieser Trubel verdrängt,
was uns die Gnade Gottes geschenkt,
dann wurde Jesu Geburt in der Welt
geopfert dem Konsum und unserem Geld.

Auch damals schon waren die Menschen verfallen
den klingenden Münzen mit ihren Zahlen.
Immer schon gab es die Reichen und Armen.
Wer wollte sich dieser Kluft je erbarmen?

Doch dann kam von Gott der weise Entschluss,
dass die Menschheit gerettet werden muss.
Gesprengt wurden Schlösser und starke Riegel,
um uns zu erlösen durch Gottes Siegel.

Ein hell glänzender Stern zeigte es an,
wo und wann unsere Rettung begann.
Die Engel sangen auf Bethlehems Fluren,
damit es als Erstes die Ärmsten erfuhren.

Und dieses Heil hat uns wirklich ein Kind gebracht?
Ja, ein hilfloses, ganz kleines hat es gemacht,
für alle, die nun guten Willens sind
und Gottes Liebe erkennen im Kind.
Reich deinem Nachbarn und den Feinden die Hand,
dann hast du den Frieden der Weihnacht erkannt.

Das Kind in der Krippe

Was war gescheh'n in jener Nacht
vor Bethlehem in einem Stall?
Die Rettung wurde uns gebracht
in einem Kind nach Gottes Wahl.

> *Was kann ein Kind uns bringen?*
> *Wie kann es Hoffnung werden?*
> *Selbst wenn da Engel singen,*
> *kommt Frieden nicht auf Erden.*

Doch, es ist Gottes Willen,
Seine Liebe uns zu zeigen.
Das kann sich nur erfüllen
in Stille und mit Schweigen.

> *Wie kann ich das begreifen,*
> *dass Kinder Liebe schenken*
> *ganz ohne Lärm und Pfeifen?*
> *Wer kann so etwas denken?*

Die Seinen zu erlösen,
von aller Zwietracht, allem Bösen,
kann in Liebe nur gescheh'n,
wenn wir an Seiner Krippe steh'n.

> *Das Böse lebt in unsrer Welt,*
> *wer könnte es vernichten?*
> *Es herrscht mit Zwietracht, Blut und Geld.*
> *Was kann ein Kind ausrichten?*

Lass dich doch ein auf dieses Kind!
Aus ihm spricht Gottes Wort und Allmacht.
Folg dem Gewissen, sei nicht blind!
Kehr, Mensch, doch um in dieser Nacht!

> *Ich tät es gern, doch fällt mir alles hier*
> *sehr schwer, an dieses Kind zu glauben. –*
> *Gibt es dich wirklich, Gott, so dank ich Dir;*
> *woll'st allen Zweifel mir noch rauben. –*
>
> *Ist dies nun wirklich Gottes Sohn,*
> *ist uns Erlösung angesagt*
> *und ew'ges Leben unser Lohn?*
> *Dann ist mein Herz nicht mehr verzagt.*

Weihnachten 2020

Das Fest ist ran, die Kerzen strahlen,
und um uns herrscht die Pandemie.
Kaum ist es für uns auszumalen,
ein Weihnachten, wie vordem nie.

Kein Besuch mit liebem Gruß,
kein festes In-die-Arme-Schließen,
kein zärtlich ausgeteilter Kuss. –
Doch lasst das Fest uns nicht verdrießen!

Jetzt öffnet eure Herzen weit
für alles Schöne dieser Tage!
Seit dankbar, aber auch bereit
zu helfen in bedrängter Lage!

Nicht das Wichtigste sind Sorgen,
die uns täglich neu bedrängen,
wie wir leben werden morgen,
ohne Hunger, frei von Zwängen.

Nein, es ist viel mehr geschehen
in Betlehem in dieser Nacht:
Gottes Geist und Liebe wehen.
Erlösung wurde uns gebracht.

Lasst Freude in die Herzen ziehen!
Gottes Sohn kam in die Welt.
Hirten vor dem Kindlein knien.
Durch Seine Liebe, Schuld verfällt.

Wir grüßen euch aus sich'rer Ferne
und wünschen glücklich- frohe Stunden.
Wir haben euch ganz sicher gerne
und bleiben fest mit euch verbunden.

Weihnachtsfrieden

Herr, send Frieden für die Welt,
dass die Menschen sich verstehen.
Deine Liebe – unser Zelt.
Lass die Welt nicht untergehen!

Stärk den Glauben an Dein Wort!
Sei uns niemals fern!
Bleib uns nah an jedem Ort,
Du, unser Morgenstern!

Engel sangen auf den Fluren;
Gottes Frieden sie entfachten.
Heerscharen zur Erde fuhren,
dort, wo arme Hirten wachten.

Boten sangen Gottes Botschaft
zu Betlehem in dieser Nacht.
Sie bringt die Liebe, Mut und Kraft,
weil sie Versöhnung uns gebracht.

Gottes Wort war die Erlösung.
Mit ihr kam Jesus in die Welt.
Botschaft alter Prophezeiung,
hat die Menschheit neu beseelt.

Wer glaubt, der lebt in Seinem Frieden;
im Frieden dieser Welt mit Gott.
Die Sünde und der Tod versiegen,
und Gottes Liebe wird Gebot.

Wunderbares ist geschehen

Ein kleines Geschenk hätte ich gern.
Dann würd ich nach Betlehem gehen.
Zu Jesus führt mich ein heller Stern.
Wunderbares ist dort geschehen.

Heute kam Gottes Sohn zur Erde.
Geboren hat ihn die Gottesbraut.
Engel sangen, dass Friede werde,
für den, der auf Gottes Liebe baut.

Ich bin nicht allein auf dieser Welt,
viele folgen dem himmlischen Ruf.
Mit uns hat Gott sich heute vermählt.
Er, der alles und auch uns erschuf.

Wehklagen unserer Zeit

Im Trubel der heiligen Weihnacht
vergaß man die lauten Schreie der Zeit.
Offen und breit das Böse dann lacht.
Es verbreitet nur Angst und Übelkeit.

Da, wo es kein Wasser mehr gibt,
wo Pflanzen und Tiere sterben,
und die Nacht den Tod nur noch liebt,
zerbricht das Leben in Scherben.

Beim Untergang ganzer Regionen
sind Hunger und Krankheit die Täter.
Es geht um tausende Millionen.
Wer hörte die Rufe der Väter?

Vertrauen und Liebe verblassen. –
Blutige Leichentücher werden verschenkt.
Wer kann das Verderben erfassen?
Das Leben wird gegen die Klippen gelenkt.

Wohlbeleibt sitzen alle die Reichen
und verspeisen das feinste Gebäck.
Sie werden die Börsentrends vergleichen
und schreiben stolz einen Spendenscheck.

Wissend, dass Geld in falsche Taschen fließt
und so dieses Elend nicht ändern wird.
In Medien der Spender Ruhm genießt;
sein Abbild ihn hier als Wohltäter ziert.

Das Sterben wird so zur Alltäglichkeit.
Durch Armut gewinnen die Waffenschmieden.
So macht sich der Reichtum wie vordem breit.
Er kennt nicht die Sehnsucht nach Weihnachtsfrieden.

Alle könnten satt hier werden,
jeder zufrieden auch leben
mit all den Feldern und Herden.
Lasst uns ein Tuch der Zukunft weben!

Weihnachten heute

Ausgebreitete gläubige Herzen in Hoffnung und Dankbarkeit,
loben die Liebe und Allmacht Gottes – für unsere Rettung bereit. –
Verwirrendes Spiel und hektisches Treiben in diesen Tagen.
Alles lebt von Perfektion, ohne den Sinn zu erfragen. –
Irrlichter kindlicher Naivität und Sorglosigkeit
erzeugen Vorfreude auf eine „Glückliche Weihnachtszeit".
Nihilistisches Grinsen, geboren aus gleichgültigen Hirnen,
die nichts verstehen und empfinden hinter verhärteten Stirnen.

Dazwischen die wahnsinnige Angst und Not:
Nicht Mord zu besiegen mit all den Facetten
und Frieden zu stiften, um Leben zu retten.
Nicht lindern zu können die Hungersqualen,
Spenden zu sammeln, um Nötigstes zu bezahlen,
oft hilflos zu sein bei Krankheit und Sucht,
ferne zu stehen bei Kälte und Flucht,
Menschen einsam leiden zu sehen,
bei denen Vertrauen und Hoffnung verwehen.

Da sprechen die Fäuste und eiskalte Waffen
mit Auftrag zu töten, auch Frauen und Kinder
gefangen zu halten im Sommer und Winter,
gepeinigt von Seuchen die Körper, die schlaffen.

Weit sichtbar Städte und Dörfer brennen.
Nicht enden wollen die Schreie der Nacht,
von Menschen, die um ihr Leben rennen. –
Ist da noch einer, der darüber wacht?

Der eine bäckt Brot, der andere schafft Waffen.
Der lindert Not, und jener will Reichtum schaffen.
Da wird das Wasser vergiftet, der Wald verbrannt. –
Gefahrvolles Triften hält uns alle gebannt.

Aus unheilvollem Nebel erwächst uns die Frage:
Strandet das Schiff oder kommt's wieder in Fahrt?
Bedrückt uns weiter die alte, stets neue Klage? –
Es sei denn, wir würden erlöst und bewahrt
und Gottes Sohn wird uns wirklich heute geboren,
wir nützten Verstand, die Hände, Augen und Ohren
und ließen uns neu auf Seine Wege ein,
mit Ihm und durch Ihn zu einem neuen Sein.

Sinn und Ziel müssen wieder gefunden werden,
ausgelöscht alle unheilvollen Begierden. –
Beginnen würde ein neues Sein auf Erden;
die göttliche Schöpfung mit all ihren Zierden.

Erlösung aus Grabesnacht

Nachdem die Bluttat war geschehen,
das aufgehetzte Volk war still,
da waren Zeichen schon zu sehen
als Botschaft von dem großen Ziel.

Und als der dritte Morgen graute,
man schlief, nur die Soldaten wachten,
ein Feuerstrahl am Grab man schaute,
die Berge bebten, Felsen krachten.

Da brach das Siegel und der Stein,
des Todes Macht war überwunden.
Der Welt erstrahlt ein lichter Schein,
und alle Trauer war entschwunden.

Christus, Gottes Sohn, erstand
aus Todesnacht und aller Pein.
Erlösung hat Er uns gesandt,
der ganzen Schöpfung neues Sein.

Jetzt wächst aus totem Holze Grün,
der Schandpfahl wird zum Siegeszeichen.
Aus Grabeskammern Rosen blüh'n.
Das Alte muss dem Neuen weichen.

Ein Meer der Liebe ist erwacht
und tränkte dürres Land gesund.
Da wuchs aus ihm in dunkler Nacht
ein dauerhafter fester Bund.

Gott gab den Menschen Seine Hand
durch Jesus Christus, Seinen Sohn.
Er hat als Kinder uns erkannt;
Gnade und Liebe unser Lohn.

Entstehen und Vergehen

Ein Samenkorn, vielleicht vom Wind verstoben,
hat sich in einem Spalt des Bodens tief versteckt. –
Es lag dort lange, rührte sich nicht mehr.
Das Feld herum war trocken, öd und leer.
Doch plötzlich fiel ein Regen und verdeckt'
dem Samenkorn den freien Blick nach oben.

Da rührten sich alsbald verborg'ne Kräfte,
die einen kleinen Keim hervorgebracht,
der senkrecht in die Erde drang
und sich dort neue Kraft erzwang.
Dann ist ein kleines grünes Wunder dort erwacht,
das schuf mit Sonnenkraft ganz wunderbare Lebenssäfte.

Doch, als sich der kleine Keimling zeigt,
hat sich das Korn dem Leben still verneigt,
starb und konnte im Tod vertrauen,
mit Hoffnung auf die Zukunft bauen,
da es Gewissheit in sich spürte,
dass sein Tod zum Leben führte.

Zahllos schon bald die schlanken, grünen Blätter sprossen,
erduldend all dem ungestümen Wetterchor.
Dann wuchs hervor schlank aus dem Innersten der Mitte,
gelenkt durch eine uns verborg'ne Kraft und Bitte,
zunächst ganz unbemerkt ein kleiner Halm empor,
von Sonne warm beschienen, vom Regen sanft begossen.

Und wie der wuchs zu einer wunderbaren Höhe,
hat sich ein neuer Wandel schon vollzogen;
denn an seiner höchsten Spitze,
von Spelzen gut geschützt vor Hitze,
ist Pollen, sacht durch Windes Ährenwogen,
an sein vorherbestimmtes Ziel gelangt mit Mühe.

So schließt sich denn auf wunderbare Weise
der Kreis des Lebens, der auch unser Sein bestimmt.
Es wuchsen schwere Ähren, als Zeichen starken Lebens.
All die Mühen und die Schmerzen, keines war vergebens.
Der Freudentaumel liegt zurück, der Feuertanz verrinnt.
Im Tod entstand das Neue still und leise.

Versprochener Lohn

Selig, die arm sind vor unserm Gott;
denn ihnen gehört das Himmelreich.
Ewige Fülle erleben sie gleich.
Aller Hochmut stürzt und wird zum Spott.

Selig, die in Trauer sind;
sie werden getröstet werden
auf Abrahams Schoß wie ein Kind,
ewig leben, niemals sterben.

Selig die Sanftmütigen;
sie werden das Land einstmals erben,
um es zu verteidigen
gegen Ausbeutung und Verderben.

Selig, die hungern nach Gerechtigkeit;
denn sie werden gesättigt werden.
Sie sind die Schlichter in allem Streit
und wollen die Zwietracht abwenden.

Selig, die Barmherzigen;
sie werden Erbarmen finden.
Liebe geben sie Aussätzigen
und werden die Not überwinden.

Selig, die rein sind im Herzen;
denn sie werden Gott schauen.
Sie kämpfen, das Böse zu merzen,
und dabei auf Gott zu vertrauen.

Selig, die Frieden stiften;
sie werden Kinder Gottes genannt.
Sie widerstehen Kriege, die alles vergiften
und haben Gottes Auftrag erkannt.

Wenn man euch verfolgt um meinetwillen;
freut euch und jubelt, denn groß wird euer Lohn.
In weiße Gewänder werde Ich euch hüllen,
werde euch erheben zu Christus, Gottes Sohn.

Liebe

Was wären wir ohne die Liebe?
Dochtlose Kerzen, ganz ohne Licht.
Was wäre es, was uns noch bliebe?
Nur Kälte, doch wir fühlten es nicht.

Ohne Liebe, kein Licht und kein Feuer. –
Was nützt uns da Gott und die Welt?
Ein Boot auf dem Meer ohne Steuer,
nichts gibt es, was dann uns noch hält.

Was nützte die Kunst großer Reden,
und Liebe wär nicht mit dabei?
Sie würde den Menschen nichts geben,
noch machte sie Herzen uns frei.

Was nützte den Menschen die Klugheit,
um Großes leisten zu können?
Ohne Liebe bringt alles nur Leid;
in Not und Unglück würden sie rennen.

Was nützt aller Reichtum dieser Welt?
Die Liebe ist nicht zu erwerben.
Sie ist's, die alles zusammenhält;
sie macht uns zu himmlischen Erben.

Was nützten uns Kraft und die Stärke,
mit denen wir festhalten können
an unserem irdischen Werke?
Sie können mit Liebe nicht löhnen.

Nur Augen, die in der Finsternis sehen,
nur Ohren, die in der Stille hören,
nur Herzen, die andere Menschen verstehen,
können die Liebe in uns beschwören.

Selbst Glaube und inniges Beten,
sie nützen den Menschen nicht,
wenn Werke der Liebe nicht brennen,
wie ein weit sichtbares Licht.

Einst wirst du gefragt vor dem Richter:
„Was hast du auf Erden Gutes getan?
Wer war dir im Leben dein Nächster?
War Liebe dein Leben, war's leerer Wahn?"

Lebe mit Jesus und hör auf Sein Wort!
Mit Ihm kannst du alles hier wagen.
Trag zu den Menschen die Liebe nur fort!
Verstummen wird Weinen und Klagen.

Verschenke die Liebe auf Erden!
Sie verzehrt sich nicht, sie wird groß.
Sie ist wie ein endloses Werden.
Sie ist unser himmlisches Los.

Zuversicht
(Allegorie auf das zunehmende Alter)

Die letzte Rose ist vergangen.
Der Herbst nimmt mahnend seinen Lauf.
Und schon beginnt ein ängstlich Bangen:
„Nun folgt bald Eis und Kälte drauf."

Doch wie es oft im Leben geht,
so kam der Frost noch lange nicht.
Ein laues Lüftchen nochmals weht,
treibt buntes Laub durchs Sonnenlicht.

Nur nicht verzagen, liebes Herz!
So wie es kommt, musst du es nehmen!
Hält dich gefangen auch mal Schmerz,
kannst ihn mit deinem Glück durchweben.

Denn schöne Stunden gab es viel,
die dich im Leben froh gesinnt.
Das wahre Glück, der Menschen Ziel,
ist der Zufriedenheit ihr Kind.

Schau also nicht auf Winters Tücken!
Sieh alle Schönheit dieser Welt!
Das Schicksal kann uns noch so drücken,
ein frohes Herz ist's, was uns hält.

Es kommt der Tag

Was du gewirkt mit deiner Kraft,
mit Fleiß vollbracht mit deinen Händen,
was je der Geist und Körper schafft,
es wird vergehen und sich wenden.

Es kommt der Tag, und du musst lassen
dein Hab und Gut aus dieser Welt.
Nichts kannst du halten oder fassen,
wenn dich die Abschiedsstunde quält.

Dann wird man dich am Ende fragen,
was hat im Leben dich bewegt?
Hast ängstlich du den Schatz vergraben,
hast reiche Ernte hingelegt?

Glück dem, der in verstaubten Ecken
seines Herzens Gutes findet,
wo unter Scherben sich verstecken
auch Taten, die von Liebe künden.

Dem widerfährt ein wahres Glück,
was nie erlischt und ewig währt.
Er gewinnt von dem ein Stück,
was über alle Himmel führt.

Du, Mensch, hast es in deiner Hand - Tod oder Leben

Der Schnee und das Eis können schmelzen,
die Berge bersten und vieles mehr. –
Philosophen werden Probleme wälzen,
doch immer bleibt die Erde gleich schwer.

Nichts geht verloren, kein einziges Atom.
Warum solltest du dann verloren gehen?
Eingeordnet zwischen Luft- und Wasserstrom
wirst du im Leben auf dieser Erde stehen.

Was könnte die Menschen wirklich daran hindern,
Liebe körperlich sichtbar werden zu lassen,
um sie dann zu erfüllen in ihren Kindern –
Erziehung zur Menschlichkeit, ohne zu hassen?

Sie allein sind die Quelle des ewigen Seins,
Sieger über apokalyptische Phantome.
Nur sie können Leben der Schöpfung erhalten, –
ein starkes Netz menschlicher Hoffnungsatome.
Ihre Energie kann die Welt neu entfalten.

Leichtfertig überlassen wir Luft und Wasser allen
                                              Gefahren.
Wir schänden unsere Erde mit Unrat und Giften dieser
                                                        Zeit.
Wie schwer haben es alle Quellen, ihre Reinheit zu
                                               bewahren,
die Wege zu finden zwischen Bombentrichtern, Trauer
                                                     und Leid.

Pflanzt viele starke Bäume zu ihrem Schutz!
Schafft weite Auen, auch wenn man euch verlacht!
Befreit unser Wasser von Unrat und Schmutz!
Und stellt Wachen auf am Tag und in der Nacht!

Bedenkt, o Menschen, der Milliarden von Jahren,
als die Erde durch Gottes Wort geboren ward,
und was ihr durch uns kann ganz schnell widerfahren!
Rücksichtslose Vernichtung nach moderner Art!

Noch habt ihr das Ruder in euren Händen. –
Wenn erst die große Sturmflut hereinbricht,
das Boot umschlägt und keiner kann es wenden:
Sturz in die Tiefe – kein rettendes Licht.

Von Gott berufen bist du, das Gute zu tun,
dich zu erheben gegen den großen Schaden,
bestimmt, stets dafür zu kämpfen ohne zu ruh'n,
hast du Verantwortung nun auf dich geladen. –
Bestand oder Untergang der Schöpfung dieser Welt.

Haben wir noch eine Chance?

Was ist mit unserer Erde geschehen?
Die ganze Schöpfung schreit vor Schmerzen.
Die Luft wird verpestet und viele schweigen,
die Erde verwüstet, mit Giften verseucht,
das Wasser kann selbst sich nicht reinigen mehr.

Tiere in großer Bedrängnis warten auf schnellen Tod.
Mit geübter Hand werden Pflanzen erzeugt
für technische Gas und Benzingewinnung,
wohl auch noch fürs Leben auf dieser Erde,
doch manipuliert mit Genen und Giften
und beregnet mit Wasser des unheilvollen Kreislaufs.

Aus Gier nach dem Geld werden Wälder abgeholzt;
der ständige Raubbau bestimmt alles Handeln.
Wenige, die loben, viele aber klagen an,
was mit den Meeren geschehen ist:
Wasservögel verenden qualvoll in stinkendem Öl,
Fische schwimmen mit den Bäuchen nach oben,
randvoll gefüllt mit unseren Abfällen,
mit schlimmen Giften und Polyäthylen.

Wir aber klagen über Umweltkatastrophen,
Erderwärmung, Unwetter und Überschwemmungen,
Tsunami, Hurrikans, Trockenheit und Feuerbrunst.
Sind das die Zeichen unseres nahenden Endes?

Schwarz wird es dann und plötzlich ganz leise,
die Wellen der Meere und Stürme ruh'n,
die Luft wird zur giftigen Gaswolke.
Nie zuvor wurde es um uns so heiß.
Unser aller Tod ist so programmiert.
Wir werden im tobenden Feuer verglüh'n;
platzende Lungen und Ströme von Blut.

Aus diesem Inferno führt dann kein rettender Weg.
Alles verschmilzt zu einem übel stinkenden Sud.
Dann werden selbst auch die Steine weinen. –
Wir haben längst schon trockene Augen
und werden als Asche vom Wind verweht.

Das zu verhindern braucht es Mut – doch es lohnt!
Sucht endlich nach den Wegen der Vernunft!
Noch scheinen uns Sonne, Sterne und Mond.
Erkennt die Chancen unserer Zukunft!
Die Chancen für Luft und unser Wasser,
für uns und die Schöpfung – das Leben,
für göttliche Liebe, gegen Zerstörer und Hass. –
Möge der Geist das Gewissens beleben!

Gieße, o Gott, die Kraft Deiner unendlichen Liebe uns ein,
damit wir das Leben und Deine Schöpfung bewahren!

Hass oder Liebe

Was wagst du dich vor Gott und den Menschen,
wenn du den Fremden hier verstößt und hasst?
Wer lehrte dich zu schlagen ohne Grund
und auch zu töten, wenn es sich ergab?
Worauf beruft sich deine Dreistigkeit,
die dich in deiner Meute zum brutalen Täter macht?

Bist du enttäuscht von dir und dem Leben?
War dein Elternhaus dir niemals etwas wert?
Hast du versagt in Schule und Beruf?
Hat schlimme Sucht dir deinen Geist verwirrt?
Sprach niemand dir von Gott und seiner Schöpfung,
die du zu achten hast und zu bewahren?

Empfangen wurdest du und nackt geboren,
wie jeder Mensch auf dieser Erde hier;
ohne Privilegien auf Farbe, Rasse, und Geschlecht,
ohne Recht auf Glauben, auf ein Land und seine Sprache.

Was nun macht dich überlegen gegen Andersdenkende
mit unbekannter Sprache und einer fremden Religion,
die nicht die gleiche Farbe deiner Haut erhielten,
die nicht wie du, auf diesem Teil der Erde sind geboren?
Woher bezieht nur deine Arroganz so starke Energie?

Sieh in den Spiegel und erkenne dich als Mensch!
Lass doch nach langer Pause dein Gewissen sprechen!
Hör einmal auf dein Herz, es schlägt zum Leben dir!

Es ruft nach Frieden, Freundschaft und Versöhnung,
nie sucht es zwischen Menschen Hass und Feindschaft.
Fühl doch einmal mit allen deinen Sinnen
die zarten Hände einer tiefen Liebe!
Dann weißt du auch, wie kostbar, unvergleichlich schön
                              das Leben ist.

Lass dich bekehren gegen Fremdenhass und Streit,
aus denen Not und neue Feindschaft wachsen!
Ich weiß, dass du nicht Untergang noch Chaos willst.
Dein Ziel ist frei zu leben von allen Zwängen dieser Welt,
sich selbst nur zu genügen und niemals fremden Willen.
Merkst du, dass du der Gewalt dich unterworfen hast,
der Macht, die Böses will, zerstört und Leben hasst?

Lass dich nicht weiterhin missbrauchen,
und wende ab dich von Gewalt und Tod!
Versuche Frieden für dein Herz zu finden,
das Leben zu lieben, wie es Gottes Wille ist!

Kinderglück

Große dunkle Augen blicken fragend in die Welt.
Sie spiegeln keine Argwohn oder Täuschung.
Vertrauen suchen sie, nicht Schönheit, Gut und Geld,
verweilen da, wo Liebe spricht aus Herzensgrund.

Kleine Hände strecken sich und kommen dir entgegen
mit den mühsam schon erlernten ersten Schritten.
Ein kleiner Engel begleitet dich auf deinen Wegen.
„Nimm mich in Liebe an!", so ist sein Bitten.

Wer kann der kleinen neuen Hoffnung widerstehen?
Wer könnte wenden sich von diesem lieben Kind?
Wer ließe es nicht immer wieder gern geschehen,
wenn zärtlich um den Hals die kleinen Arme sind?

Dann spürst du größtes Glück auf dieser Erde
und möchtest es nie wieder von dir lassen.
Ach Gott, dass es doch noch recht oft so werde,
und ich die rückhaltlose Liebe könnte fassen!

Was die Liebe vermag

Immer geliebt – auch manchmal im Streit.
Was es auch gibt in kommender Zeit,
wir werden es tragen – mal leichter, mal schwer.
Ohne zu klagen geht's besser daher.

Gemeinsam bezwingen wir Strudel und Klippen.
So wird es gelingen: Ein Lied auf den Lippen.
Mutig ausschreiten – das Liebste im Blick;
so geht's durch die Zeiten mit Trübsal und Glück.

Nichts ist uns so teuer, wie Segen von dem,
der hält unser Steuer – Er will uns versteh'n.
Er hat uns beschenkt, wird künftig auch geben,
uns führen auf unseren Wegen durchs Leben.

Die Jahre vergehen viel zu geschwind;
was immer wir schaffen, verweht einst im Wind.
Nur eins geht nicht unter – hat ewigen Wert;
verschenk es, o Wunder, es hat sich vermehrt.

„Beständige Liebe" heißt dieses Glück.
Bedenke, sie kehrt vielfältig zurück!
So lasst uns für alle noch kommenden Zeiten
den Partner zur Seite, nur Gutes erstreiten!

Danke!

Gott gab gute Eltern mir.
Gott, ich danke dir dafür.
Stets waren sie ein Vorbild,
was für mich bis heute gilt.

Ja, sie prägten in mir ein,
was durch nichts ersetzt kann sein.
Das waren Liebe, Kraft und Mut.
Strebsamkeit lag euch im Blut,
Hoffnung, Treue, Ehrlichkeit,
Gottvertrauen jederzeit.
All das gab mir mein Profil
und lenkte mich ans große Ziel.

Viele Jahre gingen so ins Land,
durch das Stundenglas rinnt feiner Sand.
Manch Schönes wünscht man sich zurück,
um zu erleben altes Glück.

Doch Gott hat es für uns bestellt,
dass die Vergänglichkeit der Welt
sich wandeln kann in Ewigkeit,
voll Freude und Glückseligkeit.

Der Zeiten Lauf

Der Sommer war zu spüren noch,
als sich der Herbst schon zeigte.
Es war die warme Sonne doch,
die langsam sich schon neigte.

Noch sang der Vögel bunte Welt;
Freude war es, sie zu hören.
Viel Blumen blühten noch am Feld;
Duft und Farben zum Betören.

Doch dann begann das Laub zu tanzen
in herrlich bunter Farbenpracht.
Da packt der Sommer seinen Ranzen
und wird vom Herbst davongelacht.

Die Zeit der Kälte kam ins Land,
und vieles lag erstarrt im Eis.
Der Wind blies eine kalte Wand. –
Von Schnee bedeckt war alles Weiß.

Doch sei gewiss, es ist nichts tot.
Ganz tief von Eis und Schnee bedeckt,
da wo es schien wie große Not,
wird neu das Leben uns erweckt.

Hochzeitswünsche

Macht eine Fahrt ins Grenzenlose!
Lauft über weit gespannte Brücken!
Riecht an der Regenbogenrose,
lasst euch von ihrem Duft entrücken!

Auf Schwingen starker Adler wagen
über alle Reiche von Poseidon. –
Bis an die Sterne lasst euch tragen!
Empfangt der Liebe reichen Lohn!

Sucht Perlen in dem tiefsten Grund
im bunten Meer der schönsten Träume!
Tut dankbar allen Menschen kund,
was ohne Liebe sie versäumen!

Solang ihr Leben in euch spürt,
in Treue zueinander steht,
die Liebe Hand in Hand euch führt,
ihr stets auf Gottes Wegen geht.

Mit den schönsten Blumen dieser Welt
lasst Kränze winden und euch schmücken!
Und seid gewiss, dass weder Gut noch Geld
euch mehr als eure Liebe kann beglücken.

Zweisamkeit der Liebe
– Ein Rückblick nach vorn –

Gesehen – verstehen,
gefunden – gebunden,
umarmen – wie Rahmen,
erleben – vergeben,
versenken – verschenken,
mein Leben – dir geben.

Stürmen und drängen – mit liebenden Klängen,
hoffen und sehnen – nur noch nach jenen,
auf Wolken gelebt – durch Lüfte geschwebt,
an Händen gehalten – und Zukunft gestalten,
stundenlang träumen – alles versäumen,
lange gewacht – geliebt und gelacht,
im Tanze sich wiegen – dem Glück ganz erliegen,
immer noch mehr – ich lieb dich so sehr.

Lachen und weinen – in Liebe vereinen,
mein Leben bist du – wo finde ich Ruh'?
Dein und auch mein – gemeinsames Sein.
Das Leben erkoren – wie neu geboren.
Nie wollen wir brechen – das feste Versprechen.

Wenn Eiszeit droht – bei Kummer und Not,
was ihr auch wollt – Achtung euch zollt!
Baut keine Wände – entfacht keine Brände!
Sprecht mit dem Herzen – vergesst alle Schmerzen!
Mit Gott wird's gelingen – über Klippen zu springen.
So möget ihr werden – glücklich auf Erden!

Freude über die Geburt

Mein kleines Kind, sei mir gegrüßt
in uns'rer bunten, schönen Welt!
Wir hoffen, dass du sie genießt
und dich nichts ärgert oder quält.

Bist uns gekommen in der Nacht,
in der wir alle schliefen.
Ein Wunder hat dich uns gebracht
aus für uns unfassbaren Tiefen.

Da loben wir den kleinen Mann,
dem schon die Sinne sind geschliffen,
mit dem, was er schon alles kann. –
Wer hat das je begriffen?

Als ob ganz plötzlich, neu entdeckt
ein Schatz, so wunderbar,
den euch die Liebe hat erweckt
der lang verborgen war.

Begreift die Kraft in dieser Schwäche,
das Glück in der Vergänglichkeit,
auf dass es wächst und nicht zerbreche
und euch erfüllt zu jeder Zeit!

In Dankbarkeit tut eure Pflicht,
die von euch nun gefordert wird!
Der treue Dienst ist wie ein Licht,
das sorgenvoll den Alltag ziert.

Segen möge euch begleiten,
Kraft und Mut zur Seite stehen.
Lasst euch von Gottes Wort stets leiten!
So könnt ihr froh durchs Leben gehen.

Zum Fest der Taufe

Deinem Schöpfer gilt der Dank.
Eltern, Paten gilt die Bitte,
dass sie dein ganzes Leben lang
begleiten mögen deine Schritte.

Die neue Hoffnung, sie gilt dir,
dass du gesund bleibst, wächst und reifst.
Allen zur Freude, so auch mir,
dass du ein „Gottgeweihter" heißt.

Lerne die Menschen kennen und verstehen!
Lerne die Geheimnisse vom Leben!
So wirst du Gottes Schöpfung richtig sehen.
Lerne, aus Menschenherzen, Schätze zu heben!

Geh immer furchtlos deinen Weg und wanke nicht!
Sei mutig allem Bösen dieser Welt ein Kläger!
Den Menschen Gottes Wort zu sagen, sei dir Pflicht!
Sei unsrer ganzen Welt und mir ein Hoffnungsträger!

Dein Gott ist Liebe und Treue

Im Namen Gottes, gib nie auf!
Er ruft dich, steh zu deinem Leben!
Mit Liebe hat Er es gegeben.
Nimm Seine Prüfung gern in Kauf!

Schau all die Vögel in den Lüften,
sie ernten, doch sie säen nicht,
und freuen sich am Sonnenlicht,
wie Blumen bunt mit ihren Düften.

Sorge dich also nicht um morgen,
doch sei im Leben auch nie sorglos!
So wird dein Handeln stets ein Anstoß,
dass Gott dich trägt. Sei so geborgen!

Danke für das neue Leben
(zur Geburt des ersten Enkelkindes)

Als die Rosen sind erblüht
und Wärme streichelt die Natur,
die Sonne warm vom Himmel glüht
und Vöglein sangen froh in Dur,
da zog es unter deinem Herzen,
wo lange wuchs ein neues Leben.
Das drängte sich jetzt unter Schmerzen
und drückt und schiebt sich unter Beben.

Dann endlich grüßt der erste Schrei!
Vergessen schwere Zeit – vorbei!
Ein kleiner Mensch – wie wunderbar!
In ihm stellt sich der Schöpfer dar.

Ein Danklied, Gott, sei Dir gesungen!
Ihn preisen wir, der Liebe zeugt,
mit allen Sinnen, Herz und Zungen.
Er zeigt uns Seine Herrlichkeit.

Wohlan, lasst wachsen Kraft und Mut,
die Liebe Gottes soll uns leiten
als unser allerhöchstes Gut!
Sie möge uns den Weg bereiten!

Ein fester Bund

Du hast zu Jesus dich bekannt,
hast heute dich mit Ihm verbunden.
Voll Freude reicht Er dir die Hand.
Er suchte und hat dich gefunden.
Erkannt hast du, dass dir dein Glauben
nie einer kann für immer rauben.

Das Bündnis soll ein Leben halten;
in Liebe und in fester Treue.
Nie soll dein Herz dafür erkalten.
Wenn du einst strauchelst und spürst Reue,
Vergebung wirst du so erfahren
und musst die Schuld nicht länger tragen.

Bedenke, dass nach jeder Nacht,
nach aller Trübsal mancher Tage,
der Sonnenschein bald wieder lacht!
Vergessen lässt er all die Klage,
die uns gefangen hält mit Macht.

Bewahre diesen Bund als Schatz!
Trag deinen Glauben in die Welt!
Denn nutzlos ist die Jagd und Hatz
nach allem Reichtum, Ruhm und Geld.

Such Freunde dir mit gleichem Sinn!
Sie stärken dich in deinem Tun.
Sie sind im Leben ein Gewinn,
weil sie dich stützen, niemals ruh'n.

Umgibt dich einst auch finstre Nacht
der Zweifel, Trauer und der Schmerzen,
sei stets gewiss, dass Einer wacht,
der Einlass sucht zu deinem Herzen,
der dich erwählt und auf dich zählt
und voller Liebe zu dir hält!

Vom Sinn deiner Sinne

Als dich noch tiefe Nacht umhüllte
und keiner dich erkannte,
sich Gottes Schöpferkraft erfüllte,
da Er schon deinen Namen nannte.

Er pflanzte in dich eine Seele,
die Ihn als Schöpfer anerkennt.
Hör auf die Stimme, sie erwähle,
wenn Schwachheit deine Schritte hemmt!

Er gab dir Augen, um zu schauen
das Leid und Schöne dieser Zeit.
Solange du auf sie kannst bauen,
tu Gutes, sei zur Tat bereit!

Er schenkte Ohren dir zu hören
auf Seine Botschaft unverzagt.
Lass dich von nichts und niemand stören,
zu lauschen, was dein Gott dir sagt!

Unsichtbar, wie mit Antennen,
ist dir das Riechen eingegeben,
um sicher schlecht und gut zu trennen
und nach dem Wohlgeruch zu streben.

O, der Geschmack, um zu genießen,
verbindet Körper mit dem Geist
bei jedem Schluck und jedem Bissen,
mit dem du Gottes Gaben preist.

Der sensibelste aller Sinne
ist ohne Zweifel das Gefühl.
Es äußert sich für alle Dinge:
Ob Liebe, Hass, ob heiß, ob kühl.

Damit du aufrecht dich stets hältst,
wirkt Gottes Schöpferhand auch hier.
Damit beim Laufen du nicht fällst,
verlieh das Gleichgewicht Er dir.

Zu allem kommt des Geistes Kraft,
die aus der Summe aller Sinne
die Schönheit unsers Lebens schafft
und Sprache formt aus deiner Stimme.

Dies alles gab Er dir zum Leben,
zu tragen in die Welt Sein Licht.
Nach dem Gewissen lenk dein Streben,
da es aus deiner Seele spricht!

Dein fester Bund

Dein großer Tag, dein fester Bund
mit Jesus Christus, unserm Herrn.
Dein Glück tu allen Menschen kund,
tu's freudig, tu es immer gern!

Schützend hält Er Seine Hand
stets über dir ein ganzes Leben.
Er hat beim Namen dich genannt
und will dich einst zu Sich erheben.

Wenn dich je Not und Zweifel quälen,
besinne dich auf diesen Tag!
Auf Jesus kannst du immer zählen;
Er ist es, Der dich immer mag.

Du bist einmalig auf der Welt
durch Gottes Liebe, Seinen Segen.
Er ist der Weinstock, der uns hält.
Bleib eine Seiner vielen Reben!

Steh immer treu in Seiner Nähe!
Vergiss nie, wem du dich geweiht!
Was auch im Leben dir geschehe,
sei stets für Gottes Ruf bereit!

Ein Leben mit dir

Es ist ein Bild, das vor mir steht,
als dich die Jugend schmückte.
Es ist die Zeit, die mit uns geht,
die einst uns so beglückte.

Als wir zueinander fanden,
hielten fest uns an den Händen,
in Leidenschaft einander banden,
konnt' nichts die Liebe in uns enden.

So mancher Sturm blies uns entgegen,
und manches Leid war zu ertragen.
Doch Gott hielt uns auf seinen Wegen,
die voller Glück und Hoffnung lagen.

Vertrauen schuf Verbundenheit,
und Liebe war das Pfand der Treue.
Sie machten uns die Herzen weit
mit steter Zuversicht auf's Neue.

Die Jahre kamen und sie gingen.
So vieles hat dein Herz bewegt.
Geweint hast du und konntest singen;
so hast du Kummer weggefegt.

Mit deinem Frohsinn, dem Gemüt,
mit diesem Fleiß und Tatendrang,
ist jeder Tag bei uns erblüht;
ein bunter Reigen uns erklang.

Nun sind die Kinder längst entlassen,
ganz neue Wege tun sich auf.
Stets neu wir unsre Hände fassen,
schon wird beschwerlich unser Lauf.

Doch dann erblühte es aufs Neue:
Eine bunte, frohe Enkelschar. –
Dankbar erfüllt sich Leben ohne Reue
und mit Liebe, die es uns gebar.

Wohin sind all die Jahre doch?
Das Haar ergraut, die Augen trüb.
Jedoch die Herzen brennen noch:
Ich steh zu dir, ich hab dich lieb!

In schwerer Stunde

Wenn du spürst, dein Weg wird enger,
Zweifel nagt an deinem Glauben,
steiler wird es und noch länger,
dann wird dir Angst die Ruhe rauben.

> *Getrost, dein Retter ist bei dir*
> *und breitet Seine Arme aus.*
> *Nicht über Wolken, Er ist hier!*
> *Er führt aus Zweifel dich hinaus.*

Den Kompass hattest du verloren,
dein Freund verließ dich ohne Abschiedsgruß.
Um dich ist Finsternis geboren,
viel größer werden Not und der Verdruss.

> *Wie könnte Ich dich, Mensch, verlassen,*
> *Ich verfolge jeden Schritt von dir.*
> *In Not werd' Ich dich fester fassen,*
> *will dich verbinden stets mit Mir.*

Lange ist dein Aufschrei schon verhallt,
Hoffnungslosigkeit hat sich verbreitet.
Hart ist dein Herz geworden und schon kalt,
der Geist erkrankt, die Seele leidet.

> *Trocknen will Ich deine Tränen,*
> *auf Meinem Schoß dich betten.*
> *Erwachen wird nach Mir dein Sehnen,*
> *Für immer werde Ich dich retten.*

Ein schwarzes Tuch will dich umhüllen,
schwere Gedanken bedrängen dich.
Ein scharfes Schwert trennt deinen Willen.
Letzter Schritt – das Leben vor dem Tode wich.

Ich schuf dich und du solltest leben;
wie könnte Ich dich jetzt vergessen?
Auch im Tode werd' Ich dich erheben.
Meine Liebe kannst du nicht ermessen.

Wir kommen und wir gehen

In Gottes Hand steht unser Leben,
Er schenkt es uns und holt uns heim.
Wir sind am Weinstock Seine Reben
und wachsen so in unserm Sein.

Hell waren Tage voller Glück
im Wechsel auch mit Trauer.
Still kehrt Erinnerung zurück,
doch Gottes Liebe trägt auf Dauer.

Verspüre Dankbarkeit im Herzen!
Die Jahre der Gemeinsamkeit
vertreiben deiner Seele Schmerz
und überwinden alles Leid.

Wir kommen und wir gehen.
Wir glauben Jesu Worte;
so werden wir ihn sehen.
Jesus, Du meine Pforte!

Wir in unserer Zeit

Tage vergehen,
Jahre verwehen.
In uns bleibt bunte Erinnerung.

Liebe und Scherz,
Trauer und Schmerz
sind Bilder aus unsrer Vergangenheit.

Blumen und Bäume,
Schönheit und Träume,
das zu erleben ist unser Glück.

Scheint uns die Sonne,
schenkt Wärme und Wonne,
so bleiben uns Herz und Verstand immer jung.

Kinder, die lachen,
Feuer entfachen.
Herz läuft uns über in Fröhlichkeit.

Helfende Hände
bringen die Wende,
wenn sie mit uns tragen, was uns beschwert.

Was Hirne erdacht,
wird oft verlacht;
Hände haben es fertig gebracht.

Doch all unser Streben
in unserem Leben
wird einst zu Staub – verwehet im Wind.

Lasst Gott in uns walten,
so wird Er uns halten!
Dann wird sich vollenden, was mit uns begann.

Was war, was kommen wird
(Gottvertrauen und Zufriedenheit im hohen Alter)

Ach, wär es doch noch Jugendzeit,
könnte laufen, tanzen, springen!
Doch alles ist Vergangenheit;
Bilder noch, die in mir singen.

Wie gut jedoch ist es zu wissen,
dass frohe Zeiten in mir leben.
Nie wollte ich die Stunden missen,
die alle Jahre mir durchweben.

Doch meinen Traum vergess' ich nicht:
Noch einmal ein Jahr begrüßen.
Ob eine bessre Zeit anbricht,
in der gute Dinge sprießen?

Ich weiß es nicht, doch glaub ich fest,
Gott ist es sicher, der uns führt.
Was jeder tut und was er lässt,
das ist es, was das Leben ziert.

Mit viel Geduld ich manches trage,
da Jahre Spuren hinterlassen.
Doch dank ich Gott für alle Tage,
dass Er mich niemals hat verlassen.

Mög Er mir Leid und Schmerz ersparen,
stets liebe Menschen zu mir senden.
In Schwachheit werde ich erfahren,
alles kann nur die Liebe wenden.

Meiner Mutter liebe Grüße

Wünsche ziehen mit den Wolken. –
Trügen mich auch tausend Füße,
könnte fliegen gleich den Falken,
halt deine Hände aber nicht,
schau nicht dein liebes Angesicht,
könntest nicht spür'n, wie lieb ich's mein,
blieb alles nur Versuch, recht klein.

Sagen möchte ich dir so viel,
doch die Worte sind zu schwach.
Sie erreichen kaum ihr Ziel.
In mir bleibt die Hoffnung wach:
Mögen Herz, Verstand und Hände,
die so lang die Lebensbände
beschrieben viel mit Tatendrang,
sich noch erhalten jahrelang!

Wie du mit Fleiß und Mut getragen
des Lebens wechselvolles Spiel,
sei nun in deinen späten Tagen
des Herbstes Sonnenschein dein Ziel!

Gedenke dabei all der Stunden,
wo glücklich du in frohen Runden
erwartungsvoll mit vielen Träumen
nur leben wolltest – nichts versäumen!

Jetzt mög die Ruhe dich erreichen,
die, nach deines Lebens Werken,
gleich einem Siegerkranz als Zeichen,
das ruhelose Herz will stärken.

Verbring noch Jahre voller Glück
und nimm die Tage wie ein Stück
von einer lichten Ewigkeit,
wo Kummer flieht und alles Leid.

Dank den Eltern

Dank will ich euch immer geben!
Ihr schenktet mir ein schönes Leben.
Mit Freude vernahmt ihr den ersten Schrei,
und empfandet Glück und Liebe dabei.

Danke will ich dafür sagen,
dass ihr mich in ein Heim getragen
mit Hoffnung auf Segen und Sonne.
Für mich war es glückselige Wonne.

Danken will ich euch für all die Zeit,
wo ihr ertragen habt Kummer und Leid.
In trostlosen Stunden, mit brennendem Schmerz,
schlich sich auch Zweifel in euer Herz.

Dank für die Hilfe in späteren Jahren,
die ich durch euch in Nöten erfahren.
Stets wart ihr in Liebe zur Hilfe bereit
und habt mich von manchem Kummer befreit.

Danken möcht ich der Güte wegen.
Erbitten will ich euch Gottes Segen.
Gesundheit wünsch ich und Lebensmut.
Es steht euch beiden das Alter recht gut.

Dank sagen will ich Gott, unsrem Herrn,
der uns so nah ist, wie wir Ihm oft fern,
dass Er mit Seiner göttlichen Macht
euch ein erfülltes Leben gebracht.

Was eine Mutter ist

Eine Mutter zu haben, ist wie ein heller Sonnenstahl,
der uns Wärme schenkt – Geborgenheit.
Wer könnte dies beschreiben mit Worten oder Zahl?
Er hält Böses fern, schützt und befreit.

Eine Mutter zu haben, ist wie ein Meer voll Liebe,
dessen Grenzen wirklich keiner kennt.
Ach, wenn sie doch für alle Ewigkeit nur bliebe,
sie, die so stark im Herz einer Mutter brennt.

Eine Mutter zu haben, ist wie ein reiner Quell,
der Labung schenkt zu jeder Zeit.
Unser ganzes Leben durchläuft er viel zu schnell.
Erfrischt nach kummervollem Leid.

Eine Mutter zu haben, ist wie ein warmer Regen,
der auf die Erde niederfällt.
Mit ihm schenkt Gottes Allmacht seinen Segen,
die Kraft, die unser Leben hält.

Eine Mutter zu haben, ist wie ein buntes Blumenfeld,
wo es duftet und wo du gerne träumst
von Gottes wunderbarer Schöpfung, Seiner schönen Welt,
was du im Leben sonst so leicht versäumst.

Eine Mutter zu haben, ist wie ein Sternenhimmel,
mit seinem Funkeln und dem Glanz,
dessen unendlich fernes, leuchtendes Gewimmel,
dich immer kann verwandeln ganz.

Eine Mutter zu haben, ist wie Atem und der Herzschlag,
die sie einst in schwerer Stunde
dir unter Schmerzen freudig schenkte an dem ersten Tag.
Danke ihr aus tiefstem Grunde!

Eine Mutter zu haben, ist wie ein helles Licht,
gespeist von Güte und von Sanftmut.
Selbst nach ihrem Tod erlischt es nicht
und entfacht in uns der Liebe Glut.

Eine Mutter zu haben, ist wie ein schönes Morgenrot,
das Hoffnung schenkt an allen Tagen
für unser Handeln, für die Arbeit und das täglich Brot.
So lässt sich immer alles wagen.

Eine Mutter zu haben, ist wie ein inniges Gebet,
das dargebracht wird stets für dich
und in Demut Segen dir von deinem Gott erfleht,
Er möge deiner stets erbarmen sich.

Eine Mutter zu haben, ist wie ein Streicheln wenn du schläfst,
ist Wachen über deinem Bett,
wenn du müde dich am Abend zum Schlafe niederlegst.
Um deinen Frieden alles geht.

Eine Mutter zu haben, davon lass dich leiten,
ist das Beste auf der Welt,
weil sie der Schöpfung allerschönsten Seiten
in ihrer Hand zusammenhält.

Dank für meine Mutter

Lass, Mutter, dich von mir umarmen,
dankend für die Liebe und die Mühen,
für meines Lebens bunte Farben,
die in der Erinnerung erblühen.

Den Schöpfer will ich dafür loben,
dass Er so lang' dich mir erhalten
und mich mit dir so fest verwoben.
Mög Er auch künftig für dich walten!

Lass uns den Himmel immer preisen,
für all das Schöne, was er schenkt!
Nur Gott kann Gnade so erweisen,
weil Seine Liebe uns stets lenkt.

Abschied

Leg deine Hand in meine Hand
und lass uns Abschied nehmen. –
Es schwingt in uns ein sanftes Beben
nach ungewissem fernen Land.

Ein Blick – die Augen treffen sich
von Abschiedstrauer leicht berührt.
Es ist, als ob uns jemand führt;
mein schweres Herz es bangt um dich.

Auf, auf, die Zeit geht schnelle!
Ein letzter Gruß, ein letzter Kuss
ist aller Worte stiller Schluss. –
Schon trennt uns Tür und Schwelle.

Dein werd' ich lange noch gedenken.
Begleiten wird mich stets dein Bild,
mit deiner Güte, die mir gilt.
Mög mein Gebet dir Kräfte schenken!

Es zieht uns fort des Schicksals Wind. –
Lass sinken nie die Zuversicht,
dass wir vor Gottes Angesicht
in Liebe aufgenommen sind!

Schenken möchte ich einen Baum

Euch will ich schenken einen Baum,
der euch gar wohl gefällt.
Mög er euch bieten Platz und Raum
für vieles auf der Welt.

Ein stiller Ort zum Träumen
im Schatten seiner Zweige.
Zeit könnt ihr da versäumen,
bis dass der Tag sich neige.

Zum Lauschen auf die Vöglein all,
die Jubellieder singen
mit ihrem frohen Flötenschall.
Es soll euch glücklich stimmen.

Der Baum, er fordert Kraft zum Steigen.
Damit ihr es auch immer wisst,
wird er euch von der Spitze zeigen,
wie herrlich Gottes Schöpfung ist.

Sturm und Wetter soll er wehren,
und in vielen Lebensjahren
wird er euch und Kinder lehren,
Glaubenskraft stets zu bewahren.

Wasser – Quelle des Lebens

Wasser, das Geschenk der Erde,
Quell des Seins für das, was lebt,
damit alles wächst und werde.
Alles hin zum Wasser strebt.

Im Wasser sich alles erquickt und erhebt.
Element, das zur Fülle des Lebens strebt.
Ohne Quelle die Todesmacht siegt,
alles verdirbt und daniederliegt.

Kein Grashalm wächst, kein Wölkchen kann ziehen.
Kein Vogel könnt fliegen, kein Schmetterling.
Was ist dem Wasser für Kraft verliehen!
Wasser und Leben, ein ewiger Ring.

Das ist die Mahnung an unsere Welt:
Behütet das Wasser, die Luft, um zu leben!
Begreift Gottes Schöpfung, die uns erhält!
Sonst wird es für uns nur den Untergang geben.

Wasser bestimmt das Leben

Hurtig plätschernd fließt der Bach –
Lebensader für die Flur.
Pulsierend hält er alles wach;
Blut vom Herzen der Natur.

Nahrung für den Baum und Strauch,
Erquickung für uns Menschen auch.
Wiege unter allen Wellen
für das Wunder der Libellen.

Fischlein, Käfer in ihm tanzen,
und die Frösche, wie sie quaken.
Es sprießen tausend Wasserpflanzen,
und Vögel baden, trinken, jagen.

Selbst unterm Eis in harter Zeit
scheut er nicht Mühe, seine Kraft,
und ist auch dann noch stets bereit,
zu dienen trotz der strengen Haft.

So lebt der Bach als kleine Welt
auf eine wunderbare Weise
und gibt von seiner Kraft dem Feld, –
fließt hin zum Fluss nach langer Reise.

Der nimmt ihn auf als seinen Bruder,
stärkt sich und wächst zum Strome an,
auf dass auf ihm mit Last und Ruder
das Schiff zum Hafen fahren kann.

Und weiter fließt das Wasser fort
zu seinem Ziel, dem Meer,
mit schwerer Last aus manchem Ort,
hat keine Gegenwehr.

Vielfach geschändet kommt es an.
Das große Meer nimmt alles auf
und wäscht es unermüdlich dann
für seinen neuen alten Lauf.

Der Sonne Kraft verleiht ihm Flügel;
auf schwebt es hin zu seinen Brüdern
in den Wolken eingesiegelt,
vom Wind getragen, Himmel zierend.

Neu wird es tränken unsre Erde
mit dem teuersten dem Gut,
dass so weiter Leben werde
gemeinsam mit der Sonne Glut.

Stille

Ruhelos ist unser Herz,
des Menschen Leben rastlos.
Wettlauf ist der Menschen Schmerz. –
Nur Stille macht die Seele groß.

Gott ruft dich in dieser Zeit
aus der Hektik deiner Tage.
Öffne dich und sei bereit!
Stell allen Stress in Frage!

In Dir, mein Gott, da find ich meine Ruh,
mit Dir, mein Gott, erkenne ich das Du.
Durch Dich, mein Gott, erhalt ich Kraft,
die mich zu Deinem Werkzeug macht.

Frieden

Es kann uns kein Frieden werden
wenn Staaten mit Krieg sich bedrohen.
Tod folgt, Ruinen und Scherben,
verzweifelte Menschen, die flohen.

Es kann uns kein Frieden werden,
wenn Völker es nicht verstehen,
dass Hass und Neid sie zerstören
und viele die Wahrheit verdrehen.

Es kann uns kein Frieden werden,
wenn Religionen sich nicht tolerieren,
Gott hinter Schleiern verbergen
und Werke der Liebe dadurch verlieren.

Es kann uns kein Frieden werden,
wenn sich Provinzen nicht stützen,
nur ihren Eigennutz mehren
und stets sich nur selber nützen.

Es kann uns kein Frieden werden,
wenn alle die großen Städte
sich als die Besten bewerten
und jede nur Reichtum gern hätte.

Es kann uns kein Frieden werden,
wenn in den Häusern Zwietracht wohnt;
kein Lob noch Dank, nur Beschwerden
und keiner Hilfe mit Liebe lohnt.

Es kann uns kein Frieden werden,
wenn Familien zerrissen sind;
die Eltern werden zu Schergen
und Kinderzeit lieblos verrinnt.

Es kann uns kein Frieden werden,
wenn er nicht in deinem Herzen wohnt.
Mach ihn zum Wunsch, zum Begehren,
du wirst spüren, es hat sich gelohnt.

Hohe Zeit

Ein mächtiger Choral,
gedrängt vom ungestümen Warten
riss mit der warmen Sonne
das Tor dem Frühling auf.

Da plötzlich bricht's hervor;
es keimt und treibt.
Mit jeder Knospe schwellend
tritt es hervor mit mächtiger,
urgewaltiger Kraft
aus dem Schoß der jugendlichen Zeit.
Es sprengt, was schützend es verbarg,
und wächst und breitet seine Arme aus
zum Licht. –
Bald blüht es, fruchtet,
Sinn der ewigen Natur.

O Mensch, geh an einem solchen Tag
einmal hinaus in die Natur!
Befreie dich aus deiner muffigen Behausung!
Geh hin und spüre, was geschieht!
Der grüne Duft, die junge Farbenpracht,
die frohe Melodie der Vögel,
sie werden dir verraten, was da wächst.
Dann wirst du nicht mehr nur Beschauer sein.

Es bricht dein neues „Ich" hervor,
alles spürend, sehend, hörend hebt's dich
zum hehren Licht empor.
Verjüngt bist du, darfst dich mit der Natur erfreuen.

Solch eine Zeit, wenn du sie erleben kannst,
bringt Liebe nur hervor, nie Hass.
Bringt Zuversicht und nie Verzweiflung.
Und wenn du selbst ergriffen
von diesem großen Wachsen bist
und das „Warum?" in der Natur gelöst dir scheint,
dann schenkst du Liebe, deine Jugend,
und alles, was dein Sein verbirgt,
um in der Einheit zweier Herzen
das letzte, schönste und gewaltigste Geheimnis
in dir geschützt zu tragen,
fort in jenen grauen Alltag uns'rer Zeit.

Wild schlägt dein Herz.
Du eilst, um alles zu bereiten,
um zu besiegeln diesen schönen Bund der Herzen,
um eins zu sein mit allen bunten Blumen,
die darauf warten, dich als junge Braut zu schmücken.
Geh und zeige ihnen, dass ihr Wunsch dir heilig war!

Abschied und Eingang

Lebensende heißt Abschiedsstunde;
mit vielem Leid und mancher Wunde.

In der Spannung zwischen Sein und Vergehen
wird ein unfassbares Wunder geschehen.

In einer für uns unbekannten Harmonie
spielt eine sphärisch, leise Sternenmelodie.

Ein schwarzes Tuch senkt sich hernieder,
tränenreich erklingen Abschiedslieder.

Die Tür zur Ewigkeit geht auf ganz weit. –
Die Seele fliegt hinaus und ist befreit.

Ihr Ziel ist die Unendlichkeit,
dort, wo verschmelzen Raum und Zeit,
da, wo das Leid zur Freude wird
und Hass in Liebe sich verliert.

Einer himmlisch wunderschönen Blüte
entströmen Liebe, Sanftmut und die Güte.
Gott ist mit uns und mit den reinen Seelen;
Er will sie alle ewig zu sich nehmen.

Aphorismen

Duftet nicht altes Holz noch nach hundert Jahren nach dem Harz der Jugend, wenn es der warme Strahl der Sonne trifft?

Was nützen die jungen Zweige, auf die keiner steigen kann, die der Sturm zerzaust und bricht, wenn sie nicht dienen dem Wachstum des Baumes, zur Bildung der großen Äste mit Blüten und Früchten?

Schaut nicht der alte, hohe Baum, die jungen rings überragend, ins weite Land? Und kann nicht erst der es erahnen, wie weit ihm das Leben sich zeigt, der sich auf seine starken Äste begibt und sein Herz öffnet dem Rauschen der Blätter?

Und wieder ist es der Baum, der, steht er auf gutem Grund, jährlich an Wert und Ansehen wächst; wie der Mensch, wenn sich langsam der Ring seines Lebens schließt, nicht verbogen durch äußeren Einfluss, sondern fest verbunden mit seinen Wurzeln und geformt durch die Kraft seines Lebens und der erlangten inneren Weisheit.

Ein junger Baum verliert schnell seine schützende Rinde, wenn sich an ihr ein wilder Keiler immer wieder seine unsauberen, harten Borsten scheuert.

Auch bei der größten Hitze kann nur der alte Baum mit seiner großen Krone kühlenden Schatten spenden.

Nur zu schnell reißt der Sturm das Nest mit der Brut von dem jungen Baum; der alte aber hat schützend sein dichtes Astgeflecht um das versteckte Gelege gebreitet.

Wer vorschnell zur Axt und zur Säge greift wird durstig werden, einsam und krank sterben.

Buche, Eiche, Ahorn… sind so verschiedene Bäume, doch wachsen sie alle gemeinsam, friedlich auf unserer Erde, ohne sich zu bekämpfen. Könnten nicht auch wir von ihnen lernen?

Die jungen Bäume benötigen Stützpfähle und Haltegurte, damit der Sturm sie nicht entwurzeln kann.

Der Autor

Wolfram Hahn wurde 1935 in Halle (Saale) geboren. Nach dem Abitur und einer Ausbildung zum Gärtner studierte er Gartenbau an der Berliner Humboldt-Universität, wo er auch promovierte. Seit mittlerweile über 50 Jahren lebt er mit seiner Familie in Werder (Havel) bei Potsdam.

Seine musische Erfüllung fand Wolfram Hahn in der lyrischen Dichtung und der Musik. Bisher erschienen von ihm die Gedichtbände „Regenbogen – Gedichte über die Farben des Lebens" und „Aufschrei – Politische Gedichte für Freiheit und Menschenrechte, gegen Terror und Unterdrückung" im Verlag tredition. Die Gedichte in seinem neuesten Werk „Gottes Liebe schafft Frieden und Glaubenskraft", erschienen im Vindobona Verlag, widmen sich dem christlichen Glauben und der Gegenwart unseres liebenden Gottes.

DER VERLAG

VINDOBONA
VERLAG SEIT 1946

ein Verlag mit Geschichte

Bereits seit 1946 steht der Vindobona Verlag im Dienst seiner Bücher und Autoren. Ursprünglich im Bereich periodisch erscheinender Journale tätig, präsentiert sich der Verlag heute als kompetenter Partner für Neuautoren am deutschen, österreichischen und schweizerischen Buchmarkt. Engagement, Verlässlichkeit und Sachverstand – das sind die Grundpfeiler, auf denen der Verlag seit jeher sicher steht.

Sie möchten mit Ihrem Werk das vielseitige Verlagsprogramm bereichern? Der Vindobona Verlag garantiert Ihnen eine professionelle Prüfung Ihres Manuskriptes durch das Lektorat sowie eine zeitnahe Rückmeldung.

Genauere Informationen zum Verlag finden Sie im Internet unter:

www.vindobonaverlag.com